はじめに

令和5年6月15日は、弘法大師空海（お大師さま）がご誕生になって1250年の記念の年です。

高野山を始め、善通寺など真言宗の各寺院では、宗祖弘法大師ご誕生1250年記念大法要が執り行われました。

お大師さまのご誕生を祝うともに、幼少期から聡明であったお大師さまにあやかり、知恵と心身が健やかに育つことを願う法要でもあります。お大師さまのこの良きご縁でこの度『倉敷・新風土記　河内八十八ヶ所霊場散策』を発刊することになりました。

「中島研究会」が平成17年1月に「河内四国八十八ヶ所霊

発刊して以来1年に[illegible]平成3年から令和4年までコロナ禍で巡拝を中止していましたが、令和5年4月、5年ぶりに巡拝を再会することとなり、多数の方に参加して頂きました。

（実際寺住職・藤井弘範）

◇ 倉敷[illegible]

倉敷

河内八十[illegible]

もくじ

河内八十八ヶ所霊場の歴史

　大阪の河内《かわち》ではなく、倉敷の中《なか》洲《す》地域にある河内「かわうち」である。明治時代まで、東高梁川と西高梁川（小田川）が流れており、その中洲《なかす》の河内「かわうち」にある霊場である。

　河内四国八十八ヶ所霊場は、弥勒院恵果和尚が天保14年（1843）に、お大師さまがお開きになった四国の霊場を河内《かわうち》の地に勧請した。

　つまり現在の西阿知、水江、酒津、連島、中島の地域。恵果和尚は3ヵ年の歳月をかけて各地域に出向いて、布教とご寄進のお願いをして、40キロの順路を定めて、各所に「御本尊さま」、「お大師さま」の石仏や「道しるべ」等、地元の皆様方からご寄進を賜って建立し、巡拝を奨励されている。

● 弥勒院の歴史と愛宕大権現

　弥勒院は、元和9年（1623）ころに大橋家の菩提寺として中島に誕生した。いろいろな変遷を経て、戦後、宗教法人法の発足にともない廃寺となり、実際寺に統廃合されている。

　愛宕大権現等の資料については、中島神社中段にある松山藩士山田方谷が撰文した石碑が残っている。

　その碑文によると神像を勧請するために天保9年（1838）に上洛し、宿を仁和寺法王臣渡辺氏の家に取ったところ、渡辺氏は先師を見るや否やびっくり仰天した。それは前夜の夢で神様が現れ『明日、遠方から僧侶が家に来る。その人に我が家に伝わる神像を与えよ』と告げて消えたという。そ

旧弥勒院

言通り僧侶が訪ねてきて、さらにその僧侶は神像を手に入れたいと懇願したのであった。神様に願い事が通じたと渡辺氏は先師と共に喜んだ。その神像とは渡辺氏の親族の一人、杉浦伴隆という人が愛宕祠院に仕えていた頃に手に入れたもので、弘法大師が造る所の愛宕神像と智澄大師が造る所の不動明王、増長僧都が造る所の毘沙門天王を脇仏として奉っている。

　中島へ神像を持ち帰ってから、2年かけて築山の大修理を行っている。大勢の檀信徒、信者の方々の御協力により、旧中島川の土砂を運搬して、天保11年（1840）に完成している。愛宕大権現を寺の守護神として奉って、「愛宕さん、「愛宕さん」と崇拝され、地元の篤い信仰を得ていた。

●50日かけて四国巡拝

　当地中島では、河内港（現在の河内第8番　西善坊のあたり）から大橋川を下り、連島の弁財天から児島、島つたいに宇多津、郷照寺から右周りに遍路をしている。

　中島の人で、江戸時代〈弘化5年（1848）〉の納経帳によると郷照寺を2月15日に出発して、道隆寺には4月2日に帰ってきているから、47日かかっていることが分かる。

●中島の「四国摂待詣り」

　始まりは、「嘉永5年（1852）」の幟があることから、その時に初めて四国霊場の巡拝者に摂待をするために出かけたのだろうか。

　江戸時代には河内港から小舟で大橋川を下り連島の弁財天、児島、島つたいに瀬戸大橋の小島から坂出、丸亀港、道隆寺に行って摂待を行ったようである。道隆寺には備前、備中、備後の摂待場所に関する石塔が建っている。多くはそ

四国摂待詣りの幟

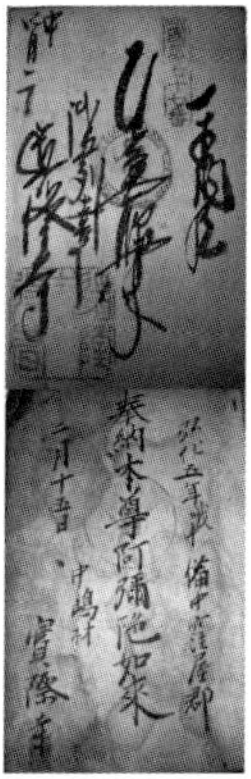

弘化5年の納経帳

こで摂待をしたと思われる。

戦後は、荷車《シャリキ》にお餅（餅を2～3俵ついて）とお供え物を載せて玉島港まで行き、貸切船で丸亀港まで行き、船で一泊し、次の日に道隆寺でお摂待したようである。

高度成長期になるとバスに乗り水島港からフェリーで、そして、昭和63年、瀬戸大橋が完成するとバスにて橋を渡ってお詣りに行くようになった。

また、入船《いりぶね》とは、「摂待詣り」で無事にお詣りでき帰国したことの感謝と五穀豊穣、家内安全を祈って、「おかんきん」のお勤め。現在も毎年3月最終日曜日には旧9町内が順番で摂待詣りに出掛けているが、コロナ禍で5年間中止していたが、来る年からは「四国摂待詣り」が実現できるでしょうか？

●稲葉土手跡（旧中島川の土手）

中島の誕生については、残っている古文書は少ないが賀陽郡日近の領主であった福武玄重の書状中にある「西原、中島の徳米七分に御定之田」によれば、水江、中島本村は慶長5年（1600）から岡山藩の小早川秀秋領になり、その家老であった稲葉通政が国政を掌《つかさど》った。当時数度の洪水復旧工事をして中島川の水を防《ふせ》いだ稲葉土手は今も村内にその痕跡《こんせき》を残している。

●中島新田の開発（中島村の誕生）

近江国出身の建部民部尉政喜は、慶長9年（1604）11月に西阿知の遍照院に身を寄せ、慶長末から元和2年（1616）にかけて、中島、水江の新田開発を実行した。備中松山藩の検地を受けて中島が誕生し、そのご褒美に安重給《やすえきゅう》（現在の長町）を賜る。

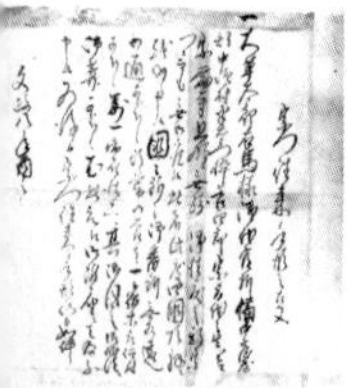

宗門往来手形

●江戸時代は国外への旅は規制されていた

江戸時代当初には個人等で国外へ行くには規制が厳しく、村の代表者が代官所の「宗門往来手形」を得て、伊勢詣り、金毘羅詣りなどをしていたようである。天保以降は、四国霊場巡拝も個人でもお詣りが増えていったようである。

●ミニ四国霊場復興

この地域は、明治時代末までは、度々（3年に1度ぐらい）水害にあうことが多く、自然環境が安定して生活が豊かになりますようにと（五穀豊穣、家内安全）を神さまや仏さまにお願いしたいとの気持ちから、各地域（町内）では山上講、大師講などの講が盛んに行われるようになってきた。春の旧3月21日と夏の7月21日の御大師さまの日には地元の人たちにお接待をして頂いている。その頃から始まったのではないだろうか。

戦後は、どこの霊場もさびれたが、生活にゆとりができるにつれ、各地域でもミニ四国霊場が復興されてきた。河内霊場でも、昭和29年（1954）12月板谷真澄様が仏生庵に彩色の「河内四国八十八ヶ所霊場巡拝路図」奉納、小橋役雄様が昭和50年（1975）4月9日に略図の案内を掲げている。

そして、昭和52年（1977）には「河内四国八十八ヶ所霊場案内書」を発行している。

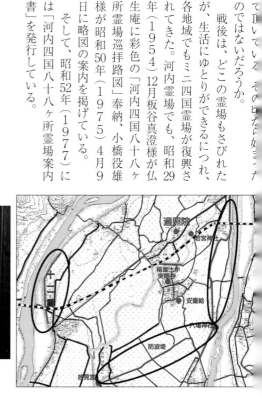

参考文献
板谷真澄　河内四国八十八ヶ所霊場巡拝路図—昭和29年12月
小橋役雄　昭和50年4月9日小溝仏生庵（第九番）奉納額を謹写
小橋役雄　河内四国八十八ヶ所霊場巡拝案内書　昭和52年12月10日

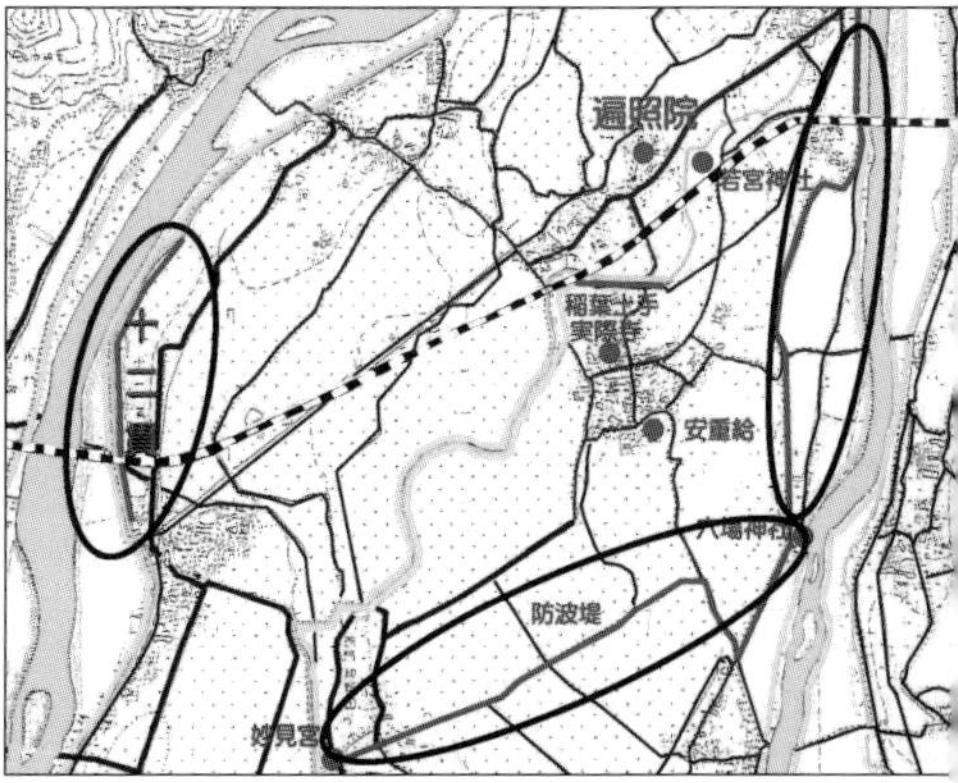

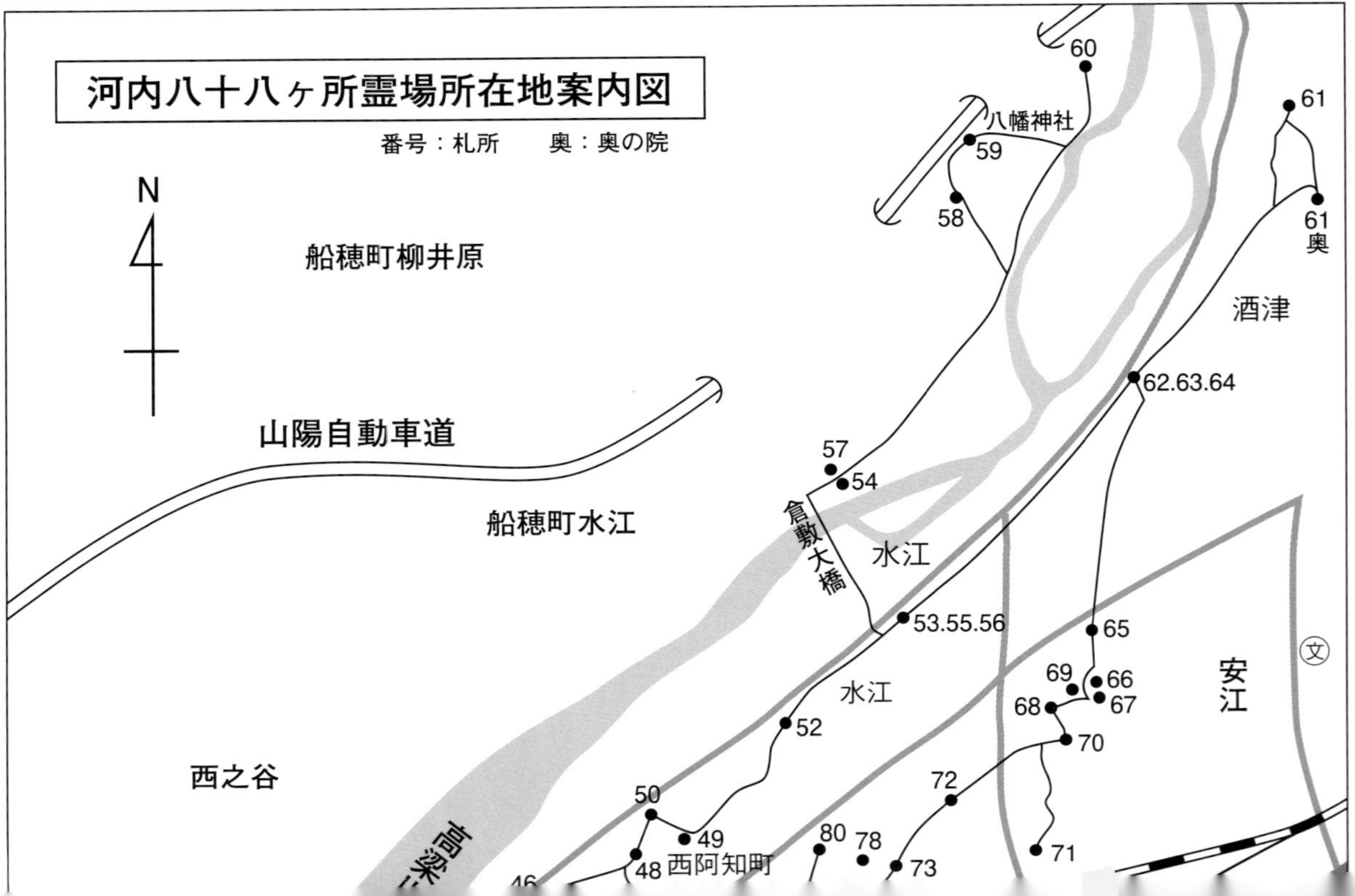
河内八十八ヶ所霊場所在地案内図
番号：札所　　奥：奥の院
N
船穂町柳井原
山陽自動車道
船穂町水江
西之谷
高梁
倉敷大橋
水江
水江
八幡神社
酒津
安江
西阿知町
60
59
58
57
54
61
61
奥
62.63.64
53.55.56
65
66
67
68
69
70
71
72
73
52
50
49
48
80
78
46

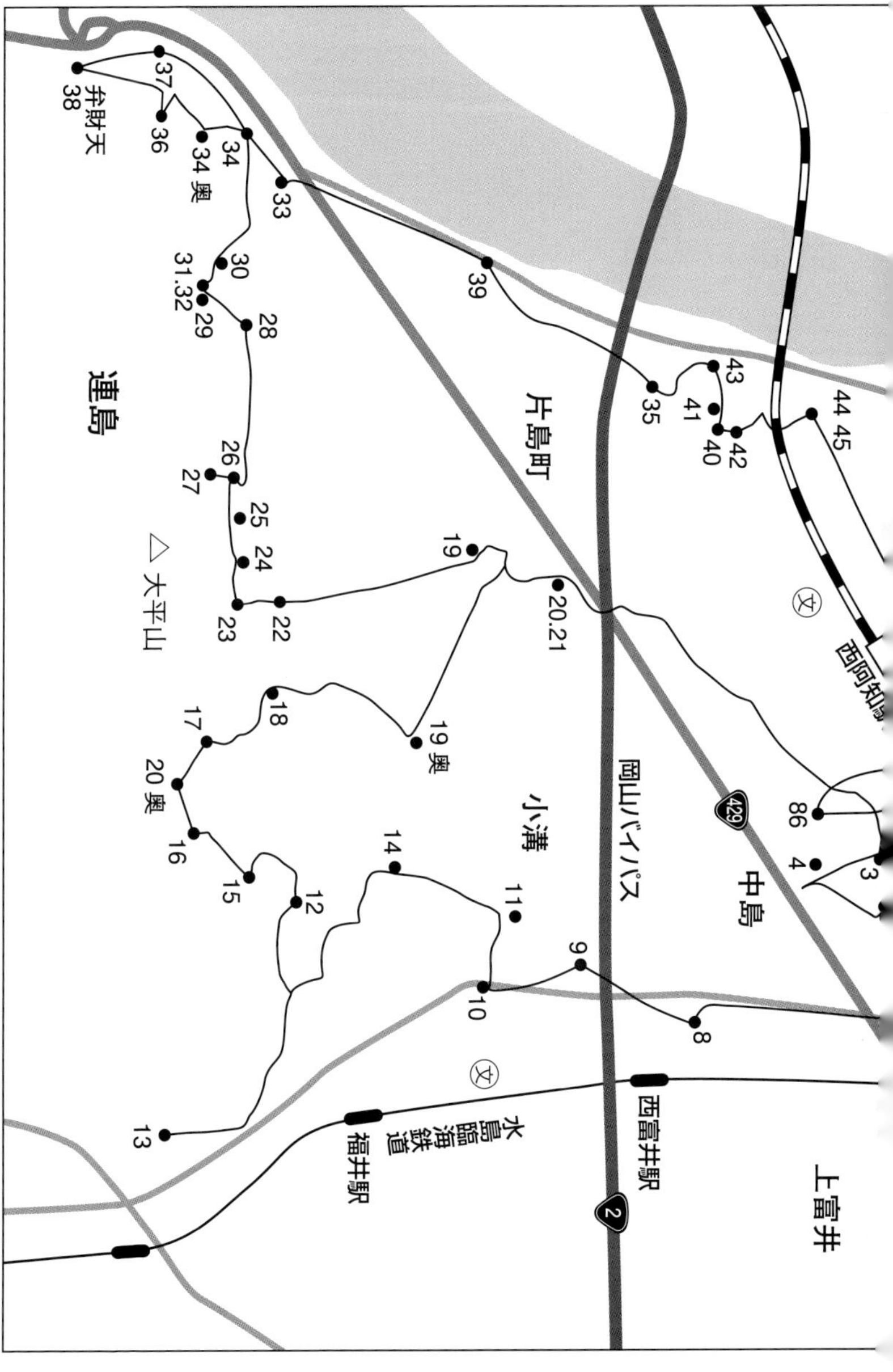

弁財天
連島
大平山
片島町
小溝
中島
上富井
岡山バイパス
西富井駅
水島臨海鉄道
福井駅

河内八十八ヶ所霊場所在地案内

※○印は奥の院
＊堂の種別：A　木造瓦葺き〈中に入って拝むことができる〉
　　　　　　B　木造　瓦葺き〈中に入れず外で拝む〉
　　　　　　C　石のお堂
　　　　　　D　石仏だけ
　　　　　　E　ブロックのお堂

札所	所在	目標物	旧字　地名	堂
1	中島524	「中島神社」　旧弥勒院　中島歩道橋より北へ500m	西紺屋　北町	A
2	中島516	実際寺大師堂　中島歩道橋より北へ400m	村内西　北町	A
3	中島397	「中島自治会館」金毘羅宮境内の南西角	村内西　上町	C
4	中島636付近	「南町町内会館」中島交差点より北へ100m西へ100m	前田　田中　南町	A
5	中島186	「高蔵寺」大師堂中島交差点より北西400m	上町	A
6		高蔵寺山門前	大東　東町	C
7	中島370-4付近	「長町集会所」中島交差点より西阿知旧道400m白神家墓地北側	村内東　長町	A
8	中島2233付近	「穴場神社」県道水島港線穴場神社前バス停北東100m	堀切　小溝	B
9	中島1932付近	「仏生庵」ますみ荘前　旧道南へ300m　バイパス二号線南の三叉路	堀切　東町	A
10	中島2609付近	「小溝大師堂」小溝交差点南30m	小溝	A
11	中島1607付近	「小溝集会所」小溝交差点より西へ200m	外島	A
12	連島町連島1960付近	小溝墓地入口、長山鉄工所南　山裾5m上った所	大浦	D
13	連島町連島	「旭丘小」東南麓、竜の口信号機より山すそ道を南下300m	旭丘	C
14	西阿知町新田	「恵美須神社」より50m北	亀川　萱野	E
15	連島町連島2082付近	「愛宕ふれあい会館」東100m　正司建設　ニシナ物流センターより山道東へ200m	大浦	A
16	連島町連島	愛宕神社の東　愛宕ふれあい会館南の石段380段を登る	大浦	C
⑳	連島町連島2041-2付近	安寿霊園の東山中　安寿霊園より南へ100m　東へ山中300m	丸山	A
17	安寿霊園	安寿霊園の西向い	丸山	C
18	連島町連島4186付近	中電鉄塔東	大浦	A
⑱	西阿知町新田255付近	西阿知町新田公民館西横	廣町	A
19	連島町連島4508-3付近	「妙見宮」大橋公民館100m南	大橋弐之町	C
21 20	中島1294付近	大西公民館より西へ50m南へ50m	大西	B
22	連島町連島4233付近	「倉敷化工」の信号機から東250m、南200m連島北面十字路東南	北面	A
23	連島町連島4254付近	「連島北面東霊園」看板の東	北面	C
24	連島町連島4326付近	山道から100m下。北面公民館東道を南へ30m登り東へ30m	北面	C
25	連島町連島4720付近	山道から100m下。北面公民館東道を南へ30m登り西へ田圃道30m	北面	B
26	連島町西之浦4943	「西福寺」大平山北信号機より[illegible]00m南へ参道[illegible]0m東	北面	A

27	連島町西之浦4943付近	西福寺墓地の中腹 南西前大急斜面	[illegible]	[illegible]
28	連島町西之浦5199-1	連島北小学校の南西300m、山麓道端	青木	B
29	西之浦2156付近	南備四国札所前八幡神社南 青木公民館より南へ30m	青木	B
30	西之浦5277	青木公民館より北へ200m 三叉路東北	青木	B
32 31	西之浦2156付近	「八幡神社」下「梅山校跡」老人憩いの家東側	青木	B
35 33	片島町1134付近	「巻倒公民館」より北へ100m二号線片島信号機南東へ50m	前新田	同じ B
34	連島西之浦	高梁川堤防下 西部排水路東岸大岩の上。429線片島信号機南へ200m	宮之浦	C
㉞	西之浦5544付近	「奥の院」弁財天公民館西ゲートボール場北上400m三つ目の橋を渡り50m山手	弁財天	B
36	連島西之浦	水路100m南下二番目の橋を東折山手に200m登り南の山の中腹	弁財天	B
37	連島西之浦5724付近	「弁財天公民館」西ゲートボール場北上300m	弁財天	B
38	西之浦5694-2付近	「厳島神社」南橋を渡った西側 弁財天公民館 南	弁財天	A
39	西阿知町片島868付近	429線片島信号機を北上堤防下の車道700m西部用水との三叉路の三角地	幸右衛門地	B
35	片島738付近	片島公民館南50m上沖集会所の北。三叉路に妙見宮の石灯籠の横	高下	B
40	片島634付近	法厳寺より100m北、道の東側	岩畠	A
41	片島660	「法厳寺」万治3年（1660）創建	南山	A
42	片島602-4付近	法厳寺より200m北大きい岩の東	岩畠	C
43	片島685付近	高梁川堤防下妙任寺駐車場前用水と道路との三角地	高下	A
45 44	西原636-3付近	五社宮境内 JRトンネル北100m（新道中町）	西下開 十二貫	B
46	西原429付近	西原公民館西100m北200m 堤防下南部用水南の三角地	大開	B
47	西原752-22付近	西原公民館西100m 十字路北二軒目	官地田	B
48	西原1128付近	天満神社参道西側（沖町）	山城地	B
49	西原1095付近	「善園寺」の隣 天満神社より東へ200m	塩垣場	B
50	西原1148付近	天満神社東道を北へ150m堤防の下西部用水南側	西之端	A
51		西原（中河原）497-2付近にあったが平成26年移転	西之端	C
52	西阿知町新屋敷271	「新屋敷公民館」堤防の下、西部用水南側 南部水道企業団の北西50m	東光寺	B
56 55 53	古水江1070-2付近	「倉敷大橋」南東下 楠の大木	西用水西	A
57 54	古水江1070付近	「水江の渡」跡。楠の大木北	古水江	E

58	向酒津	「済興寺」向酒津墓地 水江の渡しより山裾1,3km青池の北 薬師堂	向酒津 辻谷	A
59	向酒津1044付近	「八幡神社」参道より西へ100m酒津焼、北西へ200m 最勝院墓地	向酒津 荒神谷	B
60	向酒津	「八幡神社」参道より東山麓500m西山中100m済興寺墓地	向酒津	B
61	酒津1704	「済興寺」酒津公園、酒津貯水池より車道北へ400m	東酒津	A
⑥1	酒津2448-4付近	酒津配水池から東へ200m墓地東麓	東酒津	B
62	酒津305付近	西酒津公民館より北へ30m用水の東側 中州第二部消防器庫の東側	東酒津	A
63				A
64				A
65	水江27付近	古水江バス停前 水江第二公園より北へ100m道路の西側	往来北	C
66	水江1310付近	多聞寺より東へ50m用水沿い。水江第二公園より南へ50m用水沿い	往来北	C
67				C
68	水江1308	「多聞寺」本堂のすぐ南	往来北	B
69		山門と本堂の中間で北向き		
70	水江1363	多聞寺より南へ旧道西50m南30m。水江公会堂より西へ200m	往来南	B
71	水江1463	跨線橋北詰信号機を東へ100m 用水沿い南へ100m	福江	B
72	西阿知町38付近	「阿智大明神」ニシナ西阿知店より倉敷金光線を西へ200m	往来南	C
73	西阿知町540	「上町公民館」「荒神堂」遍照院入口の東	馬場東	B
74	西阿知町46	遍照院境内 三重塔南	馬場脇	C
75		「遍照院」「大師堂」		A
76		大師堂の南 北向き		B
78		大師堂の南 北向き		B
77	西阿知町1120-1	西阿知支所東へ100m南側	羽口	A
79	西阿知町650	「極楽寺」西阿知駅より中島西阿知停車線東へ800m	中市南側	C
80	西阿知町40	「常光寺」熊野神社鳥居前より西へ100m西阿知農協を北へ100m 81番より200m	田金	B
81	西阿知673	「熊野神社」鳥居前より西へ100m 西部排水路の南	馬場西	B
82	西阿知町6004-1付近	極楽寺踏切より中島西阿知停車線を西へ200m普門院墓地	中市北側	E
83	西阿知町842	医王寺から北へ400m	塩垣場	A
84	西阿知町980-1	「医王寺」西阿知駅より中島西阿知停車線東へ400m	西善坊	B
85	中島1068付近	西紺屋踏切から川沿いに200m南	西善坊 新西町	A
86	中島10049-10付近	南町集会所から西へ200m用水沿	村内西 横町	C
87	中島512	「不動院」中島自治会館より100m北100m西	村内西本町	C
88	中島524	「中島神社」中島自治会館より200m北	村内西 北町	A

倉敷・新風土記

河内八十八ヶ所霊場散策

☆掲載にあたっては「札所順」ではなく「巡拝順」に紹介した。

1番札所
弥勒院

愛宕大権現を祀る為、天保11年（1840）弥勒院の院主恵果阿闍梨が築山を修復した。

天保14年には河内八十八ヶ所霊場を開設した。

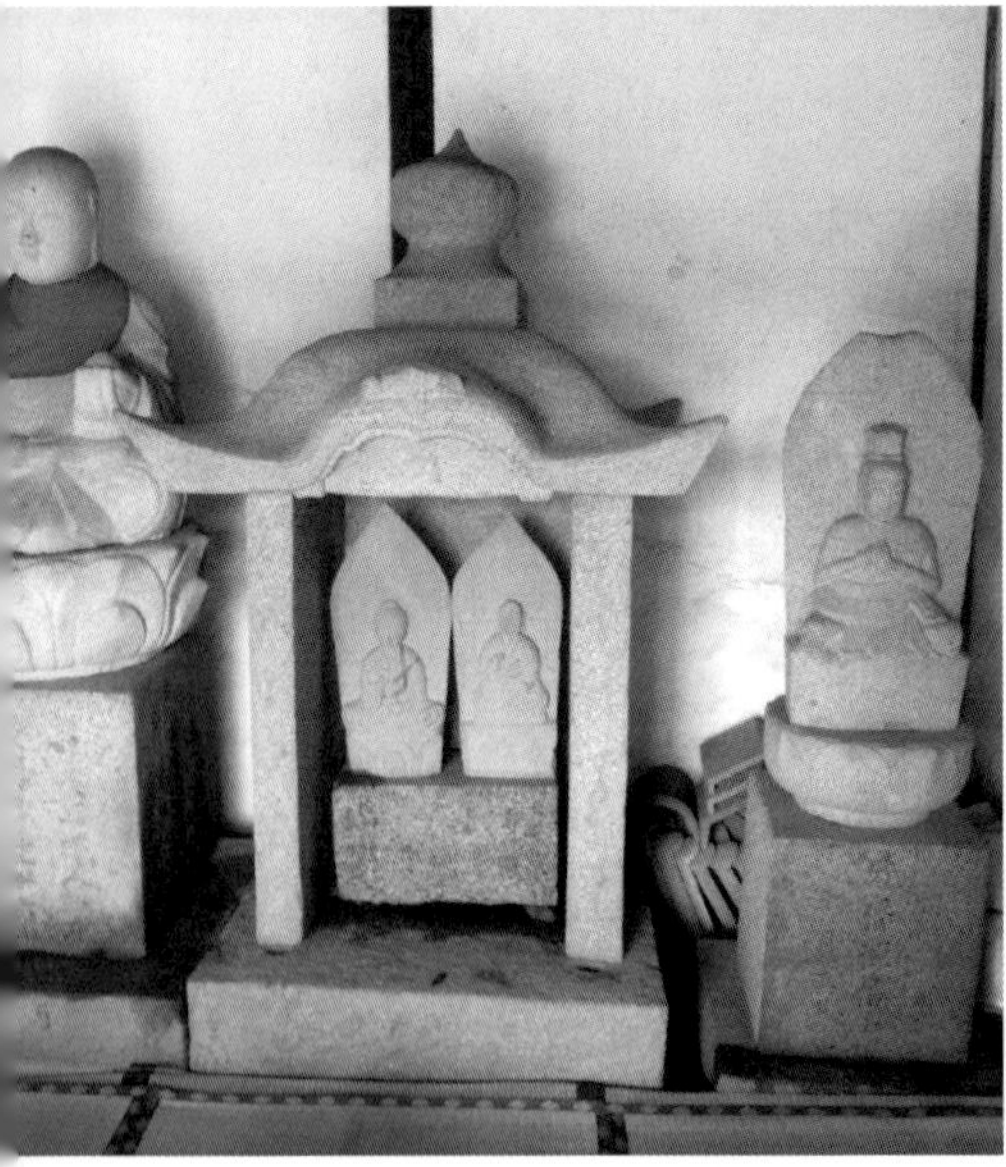

地蔵菩薩の台座には、次の文字が刻字されている。

宝暦十三癸未星　願主上惣國小濱村　天下泰平万人講中
三月吉祥日　藤原宗右衛門和南　為大乗妙典六十六部
國土安全諸聖霊等

2番札所
実際寺

高野山真言宗。建部民部尉政喜が中島新田開発を終了した元和2年（1616）に先祖の精霊菩提のために実際寺を建立した。初代は舜海阿闍梨。令和元年には本堂など6件国有形文化財。

国指定有形文化財（本堂、客殿、山門、鐘楼、納屋、石垣）

明治26年（1893）実際寺の庫裡や納屋の中2階付近まで水が来たが、2階は避難場所に使われた。

桃山時代の石垣で修験道の僧坊があった。

三島中洲生歯碑銘

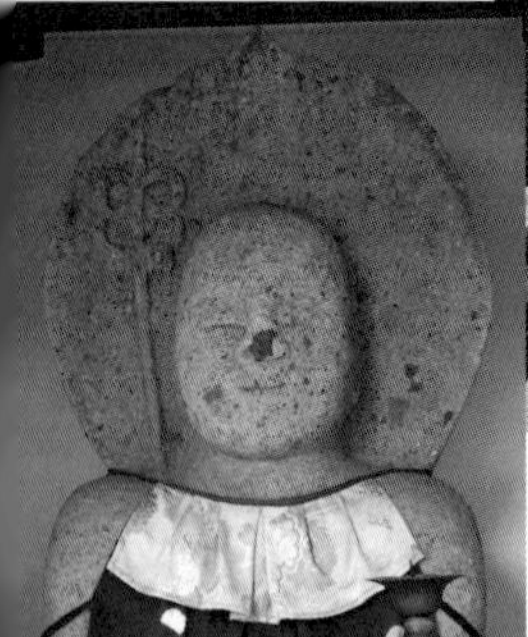

室町時代のお地蔵さま

三島時政石塔

3番札所 中島自治会館

この地に郷蔵と金毘羅宮があった。天保13年（1842）壬寅7月三島松陰寄進の鳥居や役行者の石仏、狛犬、上町の常夜灯などがあるが、現在は中島神社に移転して祀られている。

4番札所 南町集会所

昔は前田といい、湿地状態の田が多く、レンコンをたくさん植えていて、民家は少なかった。

7番札所 長町集会所

江戸、明治時代には梅雨、台風時期には東高梁川が氾濫して、再三犠牲者が出たので庶民が相談して、一本木の堤防上に土手番のお地蔵さまをお祀りしていた。しかし、大正時代になって東高梁川が廃川地となり、土手番の役目がなくなり、現在地長町に移転して祀っている。

土手番地蔵

藍塔波

5番札所
6番札所
高蔵寺

承応3年（1654）正月の創建、初代は海誉阿闍梨。施薬殿は平成17年（2005）に建立し、明治26年（1893）の水害跡を残している。寂賢和尚の供養塔があり、廃仏毀釈の嵐の中、何とか同志を募り仏法を擁護しようと各地を遊説して回っておられたが、明治6年（1873）8月13日、笠岡で43歳で急死された。

上町の大師堂

東町の大師堂

寂賢和尚の供養塔

8番札所 穴場神社

東高梁川右岸上にあり、元和元年から寛永6年（1629）ころ、中島小溝開発のころから堅牢《けんろう》地神《じしん》が祀られていた。また、寛政10年（1798）大山祇神社《おおやまずみじんじゃ》から磐長姫《いわながひめ》のご分霊を祀っている。穴場神社は東高梁川の西岸上に建立されたもので、大正時代に廃川地となったが、土手の一部が現存している。紀念病院と中華園のあたりに大きな池があった（伏流水をためるための遊水池）。

9番札所（上のお大師さま）仏生庵

寛永初年（1624）に備中松山藩は穴場神社の地点から下外島の萱野土手までの東高梁川右岸を築いた。さらに岡山藩は大浦まで土手を築いた。

小溝地区には河内8番（穴場神社）、河内9番（上のお大師さま）、河内10番（東のお大師さま）、河内11番（西のお大師さま）、河内14番がある。

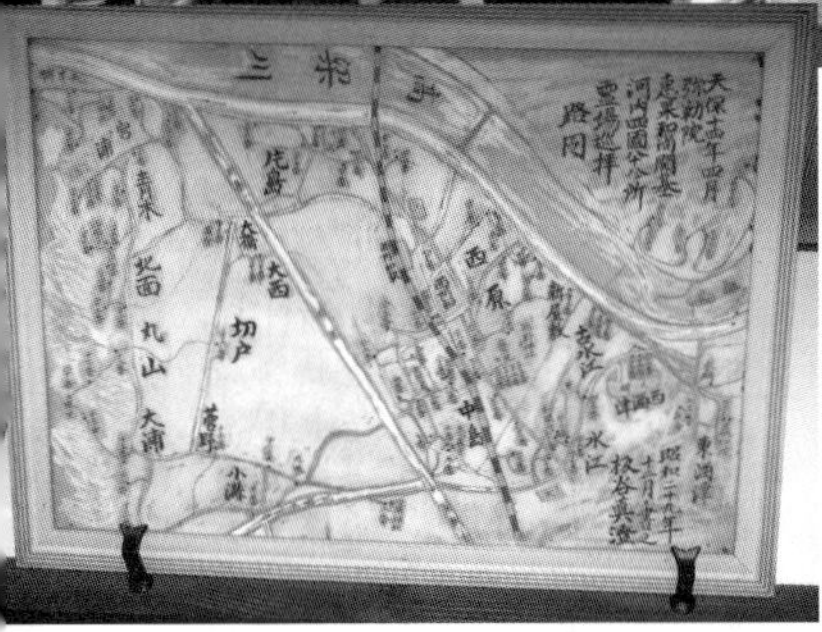

仏生庵に昭和29年12月作成の河内四国八十八ヶ所霊場巡拝路図

仏生庵の北側にあるお地蔵様
元文3年10月（1738年）

9番札所の道しるべ

10番札所 東のお大師さま

東高梁川が廃川となり、小溝耕地整理組合を組織、昭和9年3月に農林省の助成金の交付を受けた。

小溝大師堂前に集められた道しるべ

文化12年（1815）4月吉日、東高梁川の堤防上にあり、高梁川の船の行き来を照らしていた。

11番札所
西のお大師さま

東高梁川の伏流水の排水路
（7カ所あったその一つ）

江戸時代の古い石垣
三島家石垣

藤田家石垣

12番札所 古小溝墓地

安永7年（1778）中新田防潮堤小溝古土手の上にあったが、現在は小溝墓地に移転している。

明治3年の堤防修理の記念碑

13番札所

滝の口国際霊苑入り口斜面に設置していたが、平成5年に旭丘小学校東南麓へ移築されている。

14番札所 萱野土手

中新田防潮堤中島外新田堤防

中島外新田は寛永2年（1625）から備中松山藩により開発され、寛永17年ころの検地。萱野土手から西方へ、妙見宮堤防まで築く。

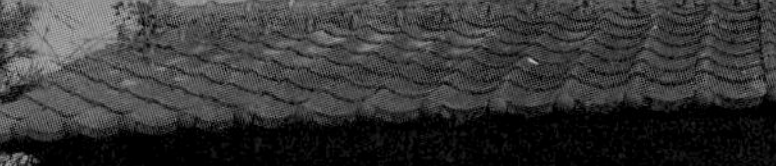

15番札所 大浦

大浦という地名の由来 戦前までは「丑の首」といわれていた。天正10年、高松城水攻めの前後、内田丑の助が丸山城付近で敗北したので「丑の首」の地名を残したと言われている。また、現在、字《あざ》「渡り」の山地（東山）が阿知の海に突出しているが、その地形が牛の首に似ていたのでこの地名となったとの説もある。

16番札所 大浦愛宕神社

大浦奥の山中に鎮座している愛宕神社は、大浦・丸山で祭礼を執り行っている。神社の創立、由緒《いわれ》等年代も不詳であるが、拝殿の石段に天保12年（1841）と刻まれ、社屋横の碑文にも安政3年（1856）等の文字が見受けられる。

○常夜灯の由来　愛宕神社に参拝するには386段の険阻な石段を登らねばならない。その麓でお灯明をあげるため高さ3メートル50の巨大なる自然石の常夜灯を建立した。

愛宕神社本殿

山上から中島を見おろす

愛宕神社の狛犬

天保３年２月建立
高さ３メートル50の巨大
な自然石の常夜灯

386段の険阻な石段

16番札所

韋駄天石灯

20番札所 奥の院

連島の遍路道で一面に山ツツジが咲き乱れて心が安まる。地元のハイキングコースにもなっている。20番の奥の院には、石仏のお大師さまと白滝不動明王が鎮座して、霊験あらたかである。

山ツツジが咲く遍路道を歩く

石仏のお大師さまと白滝不動明王

17番札所

倉敷市連島町丸山に「丸山城」があった。今は安寿霊園となっている。その西斜面、道祖神の傍に霊場がある。

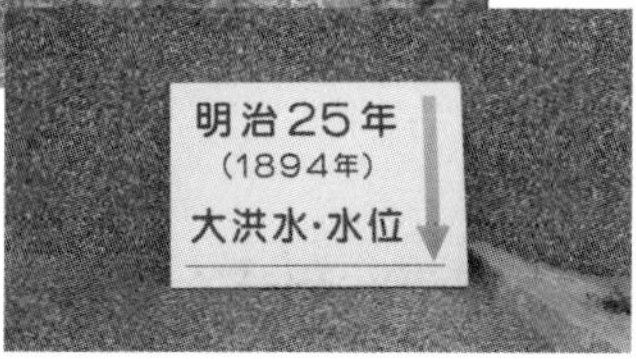

18番札所

平成15年3月改築
100㍍《メートル》降りたところに明治26年（1893）の大水害の水位の看板がある。

19番札所　奥の院・妙見宮

弘化2年（1845）3月建立のお地蔵さま
西阿知新田大橋公民館西横にある。

奥の院

20番札所　21番札所

大西の妙見宮

妙見宮の近くにある金毘羅宮

穴場神社から妙見宮に向けて防波堤が築かれた

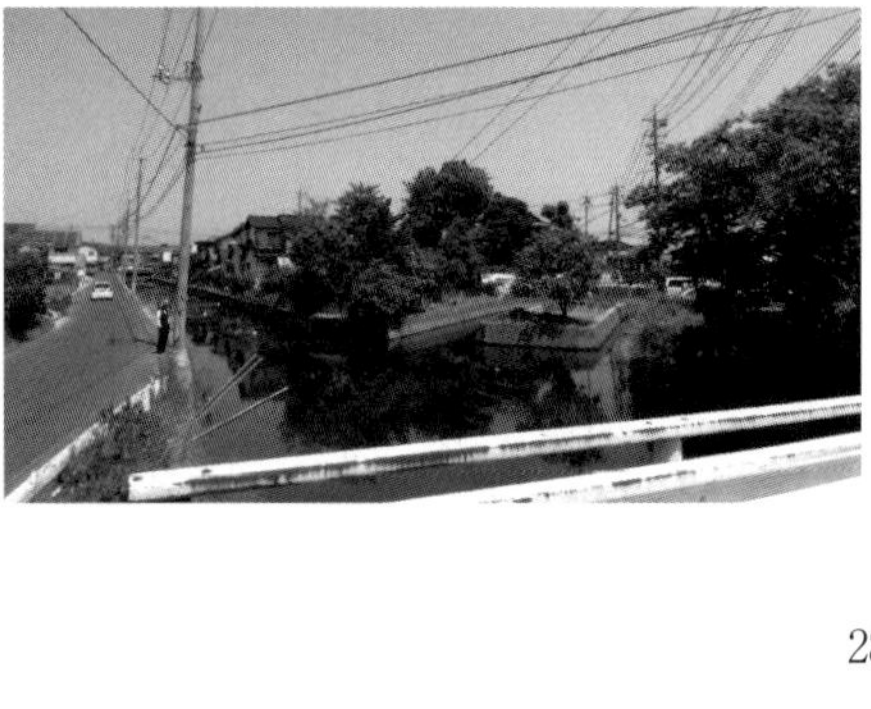

22

22番札所
23番札所

旧暦7月23日、24日縁日祭
23日夜はにぎやかな催しが行われる。
天明2年（1782）建立
高さ2メートル近い高石垣の上に立つお地蔵さま。

22番のお地蔵さま

23

24

24番札所
25番札所

25

26番札所 西福寺

寂厳和尚が宝暦2年（1752）には坊から寺院に昇格させ、隠居寺としていた。棟鬼瓦の裏には「宝暦2年正月吉日酒津村梶谷六郎衛門」酒津瓦の刻印がある。大師堂には文化7年再興とある。昭和55年に大師堂、客殿を落慶している。

往時の寂厳道は、加茂神社の自然石の常夜灯の間を通り加茂神社石段の前を通って登って行く。

27番札所

加茂神社の石段

加茂神社の自然石の常夜灯

28番札所

平成15年6月改築

29番札所
30番札所

29

正面は八幡神社

30

山つばきの大木

31番札所
32番札所

31

32

梅山校跡、老人憩いの家の東側。八幡神社石段下、平成15年（2003）6月改修

34番札所 奥の院

株木ヶ端《かぶきがはな》切り抜き工事

長い年月のうちに西高梁川の川底が土砂の堆積で浅くなって、大橋悪水川の水吐《みずは》けが悪くなり、河内地方は常に湿地状態となる苦境に陥った。そこで、明和２年（１７６５）河内11ヶ村組合では、株木ヶ端の山裾を切り開き、高梁川の中へ悪水吐けの川堤を築き、大橋悪水川の水を連島弁財天方面へ導き西之浦字腕、串の山付近で海へ流出すようになった。

※昔、歌舞伎役者の乗った船が夜この沖を航行中、暗礁にぶつかって遭難し、多くの犠牲者を出したことからと伝えられており、「かぶき鼻」とも呼んでいる。

奥の院

36番札所

山道を登ること5分、難所である。

37番札所

平成19年8月改修

次38番道しるべ

次39番道しるべ

38番札所

弁財天厳島神社の南の橋を渉ったところ

33番札所 35番札所

巻倒公民館より北へ100メートル。小字前新田

右・33番は平成3年6月に改築

左・35番は大正3年6月に移築

39番札所

倉敷市片島小字幸右衛門地。
菊紋瓦大正3年3月21日移築。
平成29年9月改築

35番札所
43番札所

41番札所 法厳寺

万治3年（1660）創建。
樹齢300年の天然記念物
「鳳凰の松」

40番札所 42番札所

一間半のお堂で矢田瓦の菊紋
瓦であったが平成20年に改築

40

42

大きな岩は古字《こあざ》である「岩畠」
との関係は？

44番札所　45番札所

倉敷市西阿知町西原小字西下開
十二貫
平成15年7月改築

右44番　左45番

文政4年9月の灯籠

46番札所

倉敷市西阿知町西原小字大開
47番と同時期の建立

47番札所

倉敷市西阿知町西原小字官地田　46番同時期の建立

48番札所

天満神社

倉敷市西阿知町西原小字山城地荒神境内から昭和40年に移築

50番札所

倉敷市西阿知町西原小字西之端
昭和32年7月観音堂改築

文政9年11月建立の観音さま

文政元寅年7月建立

51番札所

倉敷市西阿知町西原小字西之端　大正14年に高梁川の大改修に伴い中河原467-2付近に移築、さらに平成28年宅地造成により50番札所内へ移築した。

49番札所

令和4年改築
善園寺の隣

52番札所

倉敷市西阿知町新屋敷小字東光寺
（新屋敷公民館）

文政3年（1820）の地蔵菩薩

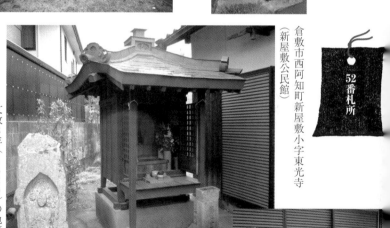

八幡山を散策

高梁川の向こうには　八幡山がそびえ立ち、頂上に登れば、倉敷市内を一望できる。その山には、歴史ある八幡神社、貝塚、４・５世紀の古墳等の貴重な文化財が数多く存在し、また、潮満ち岩、千畳岩、野鳥の森、などのハイキングコースがある。

歴史のある八幡神社

潮満ち岩
千畳岩（洗浄岩）

西中学校のハイキングコースになっている。

４・５世紀の古墳と潮満岩、千畳岩（洗浄岩）

平成27年には八幡神社社殿と石段の大修理を行う。兜山窯の登り窯、青江の井戸などがある。

53番札所
55番札所
56番札所

古水江大師堂

文化12乙亥年2月建立

楠の大木

54番札所
57番札所

水江の渡し跡

「水江の渡し」が「倉敷大橋」の開通で２０１６年3月31日、90年近い歴史に幕を降ろした。明治末～大正の高梁川大改修で分断された水江地区の住民の足として昭和2年から運行されて来たものです。

58番札所 薬師堂

済興寺の薬師堂は58番。59番への山道はツツジや山桜も咲いていて、心いやされる。

地域の人たちに遍路道の整備、清掃をしていただき、感謝している。

59番札所
60番札所

60番札所へは八幡神社参道を北東へ
５００《メートル》先の済興寺墓地内にある。

倉敷市向酒津、最勝院墓地

61番札所
済興寺・奥の院

高野山真言宗。中興曽阿法印が本尊を安置した元和元年（1616）から石正寺阿弥陀院とか正眼寺真如院と称していた。大正4年（1915）、高梁川の改修に伴って現在地に移転し、昭和9年から済興寺と称するようになった。境内には砂踏みミニ霊場がある。令和の大修理を行っている。

奥の院

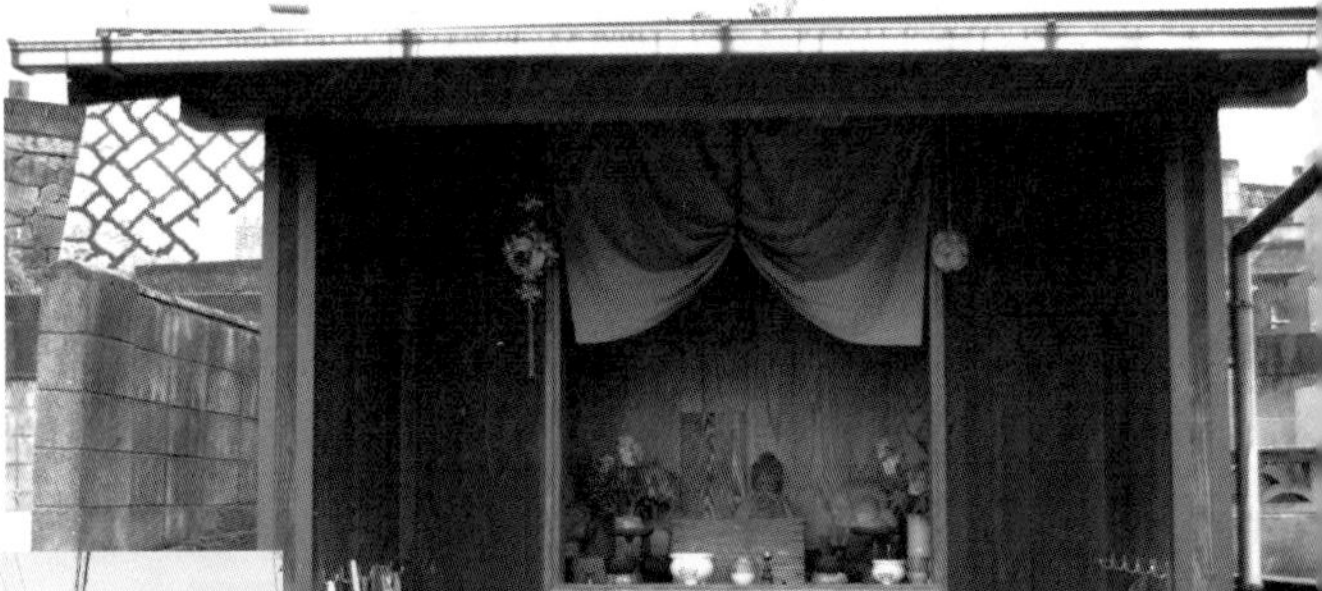

酒津の町角にある常夜灯
江戸時代より村のはずれにあり夜は灯火して
目印になって防犯にも役立った。

62番札所
63番札所
64番札所

65番札所

66番札所
67番札所

66

67

68番札所
69番札所
多聞寺

真言宗御室派本尊毘沙聞天。平成2年（1990）5月に本堂が落慶され、境内整備がよくなされ、石組み、植木など、いつもよく管理されている。

阿知麻呂

72番札所
阿知大明神

高さ約3《メートル》の豊島石製五輪塔。喜暦3年（1328）阿知王あるいは阿知使主といわれた人々の子孫が、祖先を祀ったものである（昭和48年8月、市の指定文化財）。阿智麻呂様が倉敷に来たのは3世紀後半から4世紀前半である。中国、朝鮮から日本に来て帰化した。綿や鉄の生産の普及に活動した。（嘉暦3年（1329）に豊島石で五輪塔ができている）

74～78番札所
遍照院

真言宗御室派別格本山。寛和元年（985）知空僧正開基、三重塔は国宝。熊野神社（12社権現）は後三条天皇の勅願の社。

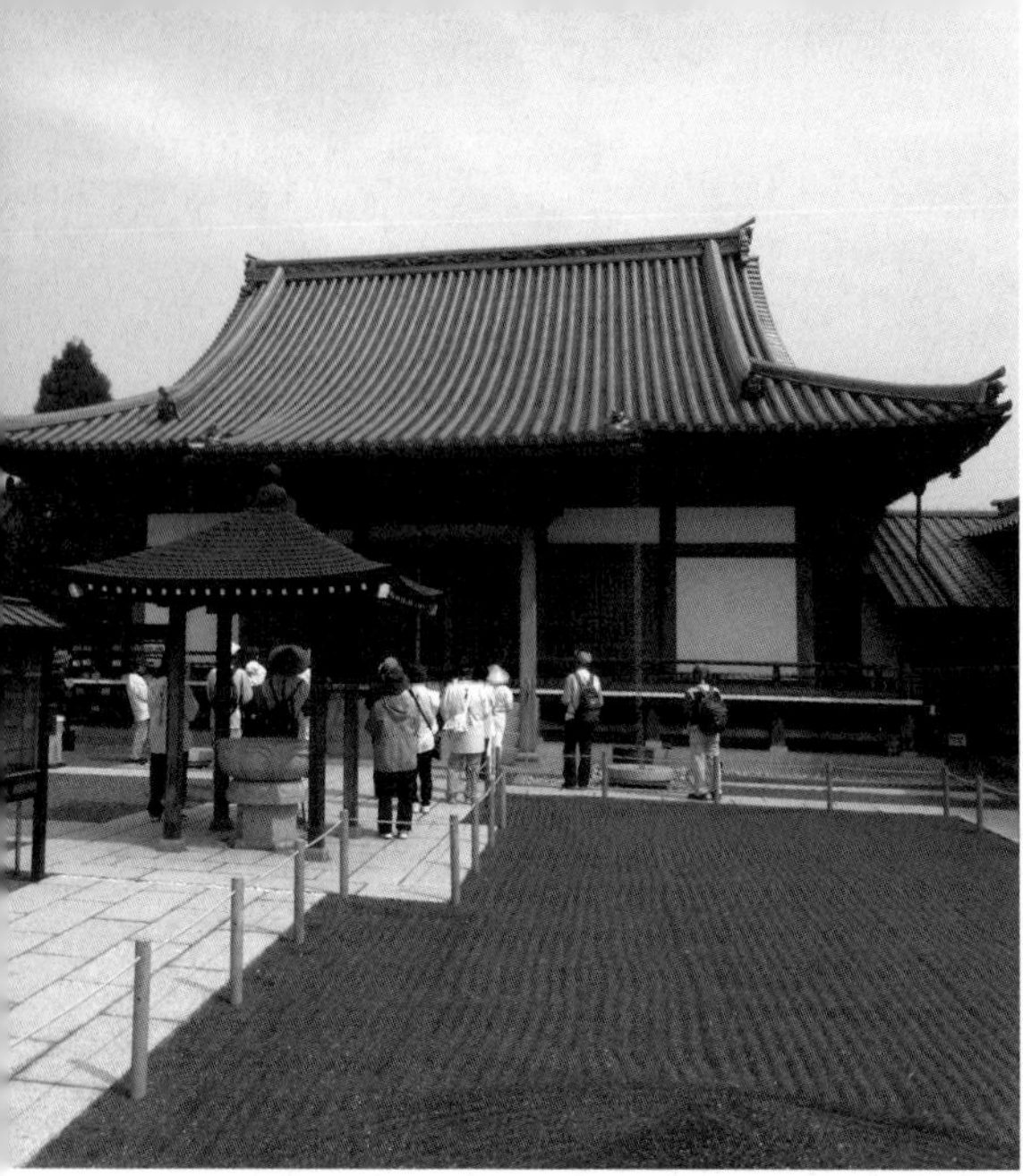

平成20年4月本堂落成

75
76
78

74

平安時代に後三条天皇の勅願により建立。
昔は十二社権現といい、遍照の鎮守であったが
明治２年（１８６９）に熊野神社と改名した。

7

遍照院熊野神社

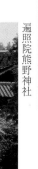

79番札所
極楽寺

浄土宗知恩院末寺で、後土御門天皇の文明3年（1471）宝譽上人の開基。墓地には「郷土三賢之碑」丸川松隠・山田方谷・三島中洲の3学者を称讃した石碑と丸川松隠の墓がある。

80番札所
常光寺

常光寺のご本尊について　平成二十年四月二十八日　坂田家のおばあちゃんからの話

「八百年前に水害があり、この場所の松の木の上に神々しい阿弥陀さまが引っかかっていたので、もったいないので祀らせていただきました。代々大切にお祀りさせて頂いております。」

坂田家は八百年前から代々ここの[illegible]をしていた。五千町歩ほどあって、連島へ行くのも他所の田んぼを通らずに行けた。

また、太閤さまが朝鮮征伐に行く際、暴風雨で足止めされ、河内港（西善坊港）に立ち寄ったので、当主が三千本の傘（あばら傘）を太閤さまへ差し出した。そのことについては、倉敷市史に載っている。

81番札所
82番札所

81

82

83番札所

安永４年（1776）
お地蔵さま

73番道しるべ

84番札所 医王寺

真言宗御室派
本尊薬師如来

平成13年本堂、客殿落成。

85番札所 西善坊

今から約４２０年前天正20年（１５９２）、太閤秀吉の朝鮮征伐の途上、河内港付近で大雨に遭遇。当時、西阿知の豪族坂田氏が傘３千本を差出し謝礼に「坂田丹波守」の名を賜る。西善坊と３千本がなまって「サンゼーボー」との方言が伝わっている。河内港の所在はＪＲ西紺屋踏切一帯。

86番札所

郷土の偉人 三島中洲生誕地碑

文化15年（1818）建立

87番札所 不動院

倉敷市郷内の新熊野修験道本山、五《ご》流尊瀧院《りゅうそんりゅういん》の末寺この一帯には、戦国時代から修験道の僧坊が存在していた。

江戸時代の石垣で修験道の僧坊があった。

88番札所
旧弥勒院

かつては弥勒院の境内にあった。

若宮八幡宮

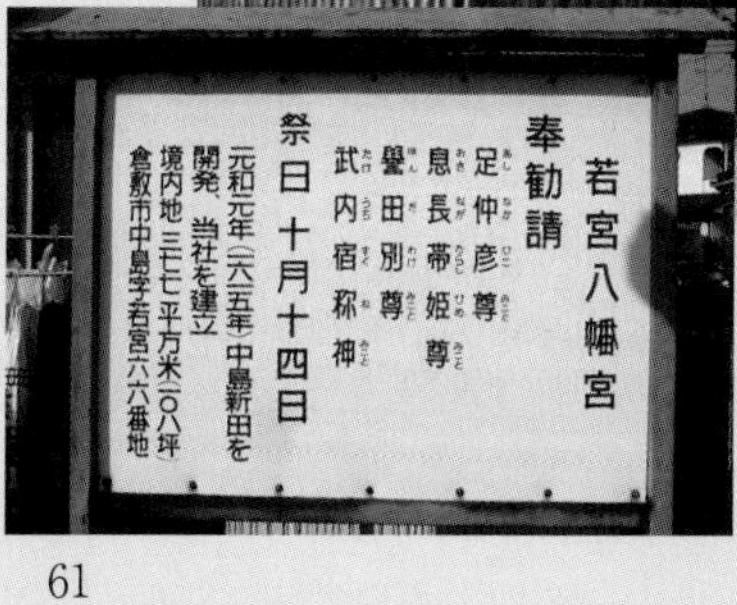

関ヶ原に敗れて帰農、西阿知の遍照院へ来て、慶長９年（1604）から中島の開発を始め、元和２年（1616）に完成。中大道の館から北東へ若宮神社を祈願所として造営した。

中島学区郷土を学ぶ会は倉敷市中島学区住民を会員として活動しています

1、なりたち

もともとは、自分たちの住んでいる中島地域の歴史を学びたいという住民の熱意に応えようと、元教師や博識の郷土史愛好家などが、一緒に研修や現地を案内したようである。手元に残る帳面の表紙には「ふる里中島を学ぶ会」とあり、平成3年（1991）に河内四国八十八ヶ所を現地調査を兼ねて、研修したのが最初となっている。まさに学ぶ会の原点がこの「河内八十八ヶ所」といえる。当初は会員制だったが、すぐに中島公民館（現・中島自治会）の住民にひろげ、さらにコミュニティ協議会に加入している中島学区住民にまで対象を広げている。令和5年（2023）時点で32年になる。

2、活動内容

目的は「中島学区およびその周辺地域の歴史・慣習・史跡の文化遺産を訪れる」等の研修を続け、「相互の教養を高め」、「さらに次世代に伝承する」と規約に書かれている。事業内容として「歴史、文化、産業、地理」の四分野が挙げられている。そのために、毎年研修をしてきた。

当初、遍照院と熊野神社、済興寺と高梁川改修工事、藤戸の古戦場跡などである。私が平成16年に参加したときは高梁の町並みと山田方谷の講演だった。それ以降、児島の野崎邸、玉島の西爽亭、平成21年には真備の水害の歴史。備前の閑谷学校、鴨方。平成24年（2012）には吹屋ふるさと村、足守、井原、牛窓、矢掛、長船などを訪ねている。

中島自治会、小溝町内会、大西公民館など各町内に回覧し、参加者を募って秋ころの時候のいいときに実施している。知的好奇心と、住民の親睦を兼ねて毎年楽しみに多数参加

研修会

漢詩勉強会

だ、いま一度原点に立ち返り地元を見直そうとしていた矢先に、コロナ禍により活動が休止状態になっている。

3、三島中洲とのかかわり

もうひとつの活動の柱となっているのが中島出身の偉人「三島中洲」である。きっかけは、平成20年（２００８）倉敷市の市民企画提案事業への参加である。まず三島中洲が創立した二松学舎大学を訪ねた。そこでは町泉寿郎先生との出会いがあった。以来十数年、今もこの活動が続いているのは先生なくしては考えられない。

活動としては、掛け軸、屏風などの所有者情報を集め、取材させてもらう。取材をもとに冊子にして発行する。そしてそれに付随して講演会、展示会の開催、小学校の総合学習などである。

資料集「三島中洲の書その1」を発行するときには、何部までという心積もりがあったわけではなかったが、上、中、下の3部ではなく、もっと何冊も発行で

を発行し、今7冊目を予定している。

一冊目を発行すると何を書いているのか教えてほしいと言われても答えることもできなかった。私たちも知りたいと思い、漢詩の勉強会を開催することになった。崩し字の字典を買うことから始まり、月一回だが今も続いている。中島小学校五年生の総合学習も平成20年から現在まで、講演と生誕地碑などの案内をしている。

4、これからの課題

「三島中洲」の活動にかなり比重がかかっていたが、本来の中島の歴史をもっと勉強しなくては、と歴史を学ぶ勉強会も毎月開いている。まだ三年ほどだが、いろいろな活動が現在も続いているのは、当会のもつ良い意味での「ゆるさ・寛大さ」にあると私は思っている。

一番の課題は、これらの活動を次の若い世代にどう伝承していけばいいか思案している。

（横山幸子）

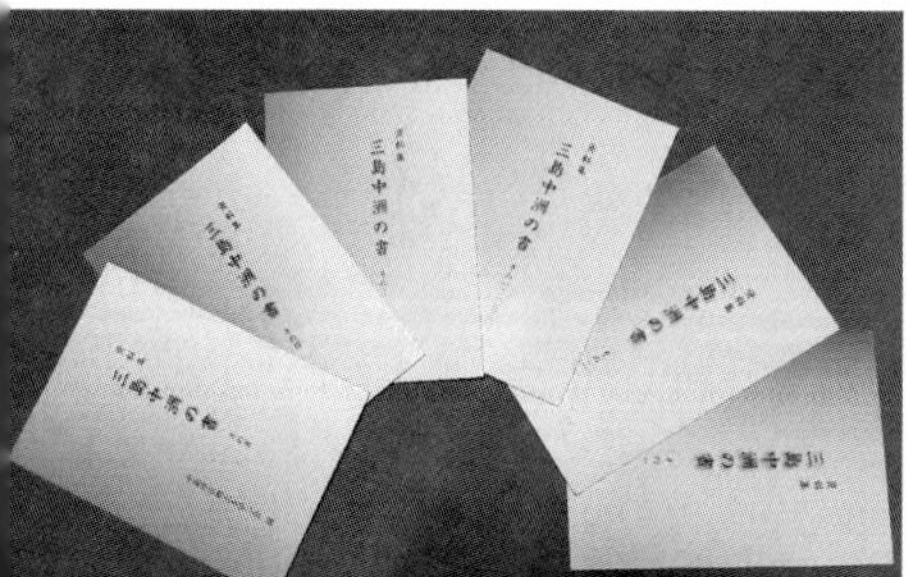

資料集　三島中洲の書

総合学習のようす

監 修

藤井《ふじい》 弘範《こうはん》

〒710-0803 岡山県倉敷市中島516 実際寺
電話 086-465-9014
e-mail:kouhan@camel.plala.or.jp

中島学区を学ぶ会 応武孝義
尾崎洋子
田中常夫
濱西信之
三島速夫
横山幸子

制作協力 砂川恵輔

倉敷写真文庫 3
倉敷・新風土記
河内八十八ヶ所霊場散策

二〇二三年十二月二日 初版発行

監 修 藤井弘範

編 集 石井編集事務所書肆亥工房

発行人 石井省三

発行所 書肆亥工房
〈倉敷本社事務所〉
倉敷市児島小川九−三−十七
郵便番号 七一一−〇九一一
〈岡山編集事務所〉
岡山市北区丸の内一−一−十五 禁酒会館3F
郵便番号 七〇〇−〇八二三
電 話 〇八六−二二五−三一七〇（総代表）
〇九〇−三七四九−八三三四（直通）
E-mail:shozo-i@gaikobo.jp
https://gaikobo.jp

印 刷 富士印刷株式会社

ISBN978-4-915076-58-9 C0039